Helianto

Orides Fontela

edição brasileira© Hedra 2024

primeira edição *Poesia completa* (Hedra, 2015)

edição Luis Dolhnikof, Jorge Sallum e Rogério Duarte
coedição Suzana Salama
editor assistente Paulo Henrique Pompermaier
revisão Luan Maitan
capa Lucas Kroëff

ISBN 978-85-7715-751-8
conselho editorial Antonio Valverde,
Caio Gagliardi,
Jorge Sallum,
Ricardo Valle,
Tales Ab'Saber,
Tâmis Parron

Dados Internacionais de Catalogação na Publicação (CIP)
(Câmara Brasileira do Livro, SP, Brasil)

Fontela, Orides, 1940–1998

Helianto / Orides Fontela. — 2. ed. — São Paulo, SP: Editora Hedra, 2024.

ISBN 978-85-7715-751-8

1. Poesia brasileira I. Título.

23-172902   CDD: B869.1

Elaborado por Eliane de Freitas Leite (CRB-8/8415)

Índices para catálogo sistemático:
1. Poesia : Literatura brasileira B869.1

*Grafia atualizada segundo o Acordo Ortográfico da Língua
Portuguesa de 1990, em vigor no Brasil desde 2009.*

*Direitos reservados em língua
portuguesa somente para o Brasil*

EDITORA HEDRA LTDA.
Av. São Luís, 187, Piso 3, Loja 8 (Galeria Metrópole)
01046–912 São Paulo SP Brasil
Telefone/Fax +55 11 3097 8304
editora@hedra.com.br

www.hedra.com.br
Foi feito o depósito legal.

Helianto

Orides Fontela

2ª edição

hedra

São Paulo   2024

Orides Fontela (1940-1998) nasceu em São João da Boa Vista, onde concluiu o curso normal e tornou-se professora. Seu primeiro livro, *Transposição* (1969), já nasceu consagrado, com o entusiasmo do parceiro dos bancos escolares Davi Arrigucci Júnior, que incentivou a amiga a publicar e a mudar-se para São Paulo, onde ela estudaria Filosofia na USP. As leituras acadêmicas se combinaram, desde cedo, ao misticismo cristão e à meditação oriental — arranjo que deixou marcas em seus poemas. Seu terceiro livro, *Alba* (1983), conquistou o prêmio Jabuti de Poesia. *Teia* (1996) foi contemplado com o prêmio da Associação Paulista de Críticos de Arte (APCA). Seus poemas foram elogiados, em diversos momentos, por críticos do porte de Antonio Candido, Décio de Almeida Prado, Alcides Villaça, Augusto Massi e José Miguel Wisnik. Esse reconhecimento contribuiu para que a autora, em momentos pontuais, alcançasse mais leitores, mas só recentemente sua obra vêm conquistando a atenção que merece.

Helianto (1973), segundo livro de Orides Fontela, é guiado pela imagem da circularidade do girassol, explícita no título, na epígrafe e no primeiro poema, além de "Oscila" e "Paisagem em círculo". Celebrada por José Paulo Paes e Antonio Candido, a poeta retoma a apreensão e fixação do que é efêmero, já proposta em *Transposição* (1969). Da mesma maneira, o percurso que vai das imagens do firmamento a poemas do solo ou dos minérios reafirma a tensão da obra de estreia, entre o transcendente e o concreto, além do aprofundamento da especulação teológica e das experiências místicas, nas quais a justaposição de *criação humana* e *natureza* compõe uma forma de ascensão ao sagrado.

Sumário

Apresentação 7

HELIANTO. 13
Helianto 15
Alvo 16
Rosácea 17
Sob a língua 18
Impressões 19
Marca 20
Herança 21
Minério 22
Tela 23
Escultura 25
Forma 26
Poemas do leque 27
Caleidoscópio 29
Sol 30
Prata 31
Onde a fonte? 33
As sereias 34
Fera 35
Aurora (II) 36
Tato (II) 37
Sete poemas do pássaro 38
Para fixar 40
Oscila 41
As estações 42

Ciclo 43
Estrelas 44
Jogo 45
São Sebastião 46
Gigantomaquia 47
Astronauta 48
A rosa (atualmente) 49
Tabela 50
O canto 51
Stop 52
Nau 53
Oposição 54
Odes 55
Eros 57
Templo 58
Voo (II) 59
Composição 60
O gato 61
Gênesis 62
Figuras 63
Paraíso 64
Sonho 65
Repouso 66
Poemetos 67
Ode 69
Elegia (I) 70
Elegia (II) 71
A paisagem em círculo 72
Claustro (II) 73
Estrada 74
Termo 75

Apresentação

Quando *Helianto* veio a lume em 1973, Orides Fontela já morava em São Paulo fazia cerca de cinco anos e estudava na Faculdade de Filosofia, Letras e Ciências Humanas (FFLCH) da USP. Apesar dos aplausos de José Paulo Paes, Antonio Candido e outros intelectuais, o livro foi ignorado fora do ambiente da universidade.

Além de consolidar alguns temas e imagens já presentes em *Transposição*, publicado em 1969, *Helianto* se distingue pela *circularidade*. Com efeito, tudo nestas páginas parece cumprir uma rotação: o girassol do título e a cantiga da epígrafe, na qual a menina entra na roda, antecipam esse movimento, que também se explicita nos títulos de outros poemas, como "Oscila" e "Paisagem em círculo". Em "Helianto", a flor cumpre círculo e ciclo, mas é sobretudo *cânon* — vocábulo que abre o poema à dimensão religiosa, literária e musical.

"Oscila", por sua vez, exemplifica bem certa aproximação que se fez de *Helianto* com o concretismo. Orides declarou certa vez que leu tarde os concretistas, cuja influência só a atingira de raspão — mas por vezes as palavras estão aqui em deslocamento na página, "entre norte e oriente". Em paralelo, a poeta busca também a fixação do que é passageiro, procedimento já observado no livro anterior. É que talvez se possa identificar, no conjunto de sua obra, o fascínio pelos interstícios, pelo *estar-entre* — e as imagens de *Helianto* não escapam a essa feição específica.

É o que se observa, por exemplo, nas figurações da natureza, que sempre atraem a pena atenta da autora. O firmamento, suas paisagens e corpos — "Aurora (II)", "Sol" e "Estrelas" — se espraiam nos versos, como o curso do compasso inscrito na flor que dá título ao livro. Também cabe uma palavra sobre o que poderíamos chamar de *poemas do solo* — "Minério", "Prata" e "Onde a fonte?", em itinerário da profundeza à superfície. A densidade do metal que se opõe à fluidez das águas, o helianto-luz que se projeta sobre a prata e a busca da fonte corrente: entre fixidez e afluxo, mais uma vez, cumprindo o giro.

Deriva também do sol, sobretudo da projeção de sua luz, a diafaneidade do terceiro poema, "Rosácea", que não só pressagia o título exato do quarto livro de Orides, que ela publicaria treze anos depois deste *Helianto*, como também registra outro tema recorrente da poeta: a experiência mística. Dos espaços concretos em "Templo" e "Claustro (II)" até as imagens bíblicas de "Gênesis" e "Paraíso": em todos esses textos figura a *criação humana* — no caso de "Rosácea", o vitral das catedrais — justaposta à *natureza* — a luz do sol, ele mais uma vez —, cuja projeção de luz e cor remete à ascensão ao sagrado. Talvez seja o efeito pretendido por Orides em sua poesia como um todo, com a feição específica da circularidade em *Helianto*.

DOS EDITORES

A
Antonio Candido
com amizade e reconhecimento

Menina, minha menina
Faz favor de entrar na roda
Cante um verso bem bonito
Diga adeus e vá-se embora
CANTIGA DE RODA

HELIANTO

Helianto

Cânon
da flor completa
metro / valência / rito
da flor
verbo

círculo
exemplar de helianto
flor e
mito

ciclo
do complexo espelho
flor e
ritmo

cânon
da luz perfeita
capturada fixa
na flor
verbo.

Alvo

Miro e disparo:
o alvo
o al
o a

centro exato dos círculos
concêntricos
branco do a
a branco
   ponto
   branco
atraindo todo o impacto

(Fixar o voo
da luz na
   forma
firmar o canto
em preciso
silêncio

— confirmá-lo no centro
        do silêncio.)

Miro e disparo:
o a
o al
o alvo.

Rosácea

Rosa primária quíntupla
abstrato vitral
das figuras do ser.

Ritmo em círculo, cinco
tempos de um mesmo ponto
interno, que se acende
no infinito. Rosa
não rosa: arquitetura
corforma do possível.

Abstrato vitral
das figuras do ser.

Sob a língua

Sob a língua

palavras beijos alimentos
alimentos beijos palavras.

O saber que a boca prova
O sabor mortal da palavra.

Impressões

    Cimo
    de palmeira rubra:
            "vida".

    Lago
    de amarelo turvo:
            "tempo".

    Cubo
    de metal opaco:
            "Deus".

Marca

As Leis olham do alto:
arcanjos de basalto
sobrevoam pesadas
quadriculam o humano.

Nem olham: subsistem.
Além do instante e do sangue
as Leis puramente
      reinam.

— Na estela
 a primeira marca
 na mente
 a primeira forma

configurando — violentando —
    o humano.

Herança

O que o tempo descura
e que transfixa

o que o tempo transmite
e subverte

o que o tempo desmente
e mitifica.

Minério

O metal e seu pálido
                    horizonte

o seu fulgor apenas
                    superfície

— sua presençatempo
erigida em silente
espaço neutro.

O metal tempo opondo-se
ao olhar vivo: o metal adensando
e horizonte em fronteira
                    inviolada.

O metal presença
                    íntegra
opondo às águas seu frio
e incorruptível núcleo.

Tela

I

    O
    tecido:
    não sabemos qual
    a trama.

II

    Avesso
    ou
    direito:

    como julgar o denso
    amor vivido?

III

    Figuras.

    Realmente
    figuras?

    Intencionalmente
    impressas

    ou acidentes
    — face nossa
      ao espelho?

IV

O
tecido:
como subtrairmo-nos
à trama?

Escultura

O aço não desgasta
seus espelhos múltiplos
curvas
arestas
apocalíptica fera.

O aço não se entrega
e nem se estraga é
                        forma
— presença imposta sem signos.

O aço ameaça
— imóvel —
com a aspereza total
de seu frio.

Ó forma
violenta pura
como emprestar-te algo
                        humano
uma vivência
um nome?

Forma

Forma
como envolver-te
se dispões os seres
em composição plena?

Forma
como abraçar-te
se abraças o ser
em estrutura e plenitude?

Forma
densamente forma
como revelar-te
se me revelas?

Poemas do leque

I

    O
    leque
    fechado:
    ausência.

II

    A plumagem das sombras
    a textura
    do silêncio brunido
    (viva espera)

    a plumagem espanto
    a pupila
    da atenção cega densa
    (sombra
           viva).

III

    O
    leque
    fechado:
    espera.

IV

Grau a grau
(leque abrindo-se)
gesto por gesto
(leque abrindo-se) trama-se
a antirrosa e seu brilho
                  gesto
                  pleno.

V

Cultiva-se (cultua-se)
em ato extremo
a antirrosa
esplêndida

apresenta-se (apreende-se)
o árido ápice
luz vertical
extrema.

VI

Re-descoberta:
o olharamor
apreende o
                  QUE

VII

Leque aberto. O
real
— o insolúvel real
   presença apenas.

Caleidoscópio

Acontece: um
       giro
       e a forma brilha.

Espelhos do instante
               filtram
a ordem pura cores forma
              brilho

(e sem nenhuma
        palavra).

Acontece: outro
       giro
       outra forma e o mesmo
                 brilho.

Ó espelho dos instantes
            fragmentos
estruturados em reflexos
              fúlgidos!

Acontece: novo
       giro...
O caleidoscópio quebra-se.

Sol

Sol.
Sol maiormente. Alucinado.

Sol
trespassante: há aberturas
                no sangue
                há janelas de vidro
                na mente.

Que mito subsiste
— que infância —
sob este Sol que ternura
                nos resta?

Só o mito maior
deste Sol
puro.

Sol
sem nenhuma sombra
                possível.

Prata

I

Luz pesando sobre a
                prata.
Luz   tensa
dói   fere
  nota argêntea se
  oferece.

Luz vibrando sobre
         o espelho

forma   luz modulando-se   madura
cristal   prata luzindo   fixada.

II

De prata o campo — o escudo —
                            e através
                            dele
o silêncio imprevisto (o antigo)
                              pleno.

Águas transparentes   silêncio
— o escudo erguido no silêncio — campo
de transparência e de prata.

III

Vieram barcos. Planícies
de ondulação e sal coagularam-se
em austero silêncio (prata): o tempo
anula-se nesta vinda.

Vieram
nunc et semper
velas vivas.

Todos os modos do silêncio (mesmo
o mais austero)   coalharam-se nas
                                          asas
dos barcos vivos (prata)   e o não
                                        tempo
é horizonte porto   fulgor
                                        branco
das planícies abertas… Campo em prata.

IV

Cristal   página branca
nudez?   nada?
Campo de possíveis. Aurora.
E o helianto
                — pleno —
                        sobre a prata.

Onde a fonte?

Onde a
     fonte?

     Secas mãos conchas
     plasmam-se
     receptivos leitos
     a seu fluxo

     Vasos aguardam
         pacientes.

Onde a
     fonte? Na sede
     um frescor nascituro
         se acentua.

As sereias

Atraídas e traídas
atraímos e traímos

Nossa tarefa: fecundar
            atraindo
nossa tarefa: ultrapassar
            traindo
o acontecer puro
que nos vive.

Nosso crime: a palavra.
Nossa função: seduzir mundos.

Deixando a água original
cantamos
sufocando o espelho
do silêncio.

Fera

Na imóvel floresta   um ritmo
oculto pelo Sol   pelos ramos
no meio-dia   o medo armado   o salto

(o tempo irá deflagrar
         o seu raio
anulando o limbo
      a ausência
o emboscado poder
         irá ferir
o branco centro do eterno).

A fera: ritmo em cor
      luz e sombra
a fera: ritmo em voo
      melodia.

O perigo da fera: falsa ausência
no desarmado silêncio.

Intensa fera. De súbito, na
                  selva
o medo salta! Mas aparece o sentido.

Aurora (II)

Instaura-se a forma
num só ato

a luz da forma é um único
ápice

o fruto é uma única forma
instaurada plenamente

(o amor é unicamente
quando in-forma).

... mas custa o Sol a atravessar o deserto
   mas custa amadurecer a luz
     mas custa o sangue a pressentir o horizonte

Tato (II)

Revivo a exata
tensão da forma:
a pele, o pelo
o pêssego.

Textura viva:
plano pulsando
face
sob o gesto

mãos revivendo-se
na aguda
tela mítica.

Sete poemas do pássaro

I

O pássaro é definitivo
por isso não o procuremos:
ele nos elegerá.

II

Se for esta a hora do pássaro
abre-te e saberás
o instante eterno.

III

Nunca será mais a mesma
nossa atmosfera
pois sustentamos o voo
que nos sustenta.

IV

O pássaro é lúcido
e nos retalha.
Sangramos. Nunca haverá
cicatrização possível
para este rumo.

V

Este pássaro é reto;
arquiteta o real e é o real mesmo.

VI

Nunca saberemos
tanta pureza:
pássaro devorando-nos
enquanto o cantamos.

VII

Na luz do voo profundo
existiremos neste pássaro:
ele nos vive.

Para fixar

Para fixar
a flor
não nos serve o espaço
de pauta

ela des
liza pre
cede-nos
no horizonte duração
              aberta

elaestrela nada
a fixa
mas elaflor nos fixa
em seu
voo

flor
que nos vive no puro
tempo.

Oscila

    Oscila
    a florinstante solta
    entre norte
    e oriente

                      oscila o instante
                      leve
                      flor entre o oriente
                      e o norte

    oscilafulge
    única
    centrando
    na oscilação a
    fuga
    que a transporta

                      oscila oscila única
                      inocência
                      pupila solta entre o norte
                      e o nada.

As estações

Anuncia-se a luz

e o puro Sol
o Sol informe
verte-se

    desencantando cores
    frutos vivos
    — força em ciclo descobrindo-se.

       ... mas

        há o estar da pedra
        há o estar do corpo
        há peso e forma: os frutos
              apodrecem.

Ciclo

    Sob o Sol   sob o tempo
              (em seu próprio agudo
                      ritmo)
dispersam-se   intercruzam-se
       — em ciclo implacável —
                 pássaros.
    Sob o Sol   sob o tempo
               reinventa-se
             (esplendor cruel) o
                    ritmo.
    Sob o Sol   sob o tempo
             automáticas flores
          inauguram-se.
    Sob o Sol   sob o tempo
             a vida se cumpre
              autônoma.

Estrelas

Fixar estrelas
no mapa móvel
zodíaco.

Jogar com astros
e fixar-se
no próprio jogo.

Nomear constelações
— submeter os astros
à palavra.

Buscar estrelas. Viver estrelas
       — animal siderado
          e siderante.

Jogo

    Atira
    a bola
    alto
    MAIS ALTO

    cristal acima do universo.

São Sebastião

As setas
— cruas — no corpo

as setas
no fresco sangue

as setas
na nudez jovem

as setas
— firmes — confirmando
　　　　　a carne.

Gigantomaquia

Gigantes armados. Feros
braços girando
moendo o tempo.

Armados girando. Círculos.
Cavalo e cavaleiro
em voo.

Feros braços. Gigantes
mais duros do que o
delírio.

Braços implacáveis. Giros
implacáveis da loucura
destroçando o tempo. Luta
feroz e triste em seu ciclo. Moinhos.

(Cavalo e cavaleiro
em voo.)

Astronauta

Astro
nauta

corpo   nave   liberta
corpo   nave   memória
descolada do grave
tempoinfância

corpo   plexo   vogando
em campo
nulo

corponave memória
no vazio

perdido livre
corpo
despreendidamente
nave.

Onde o horizonte? Astro
                              cai
                              em
                              órbita.

A rosa (atualmente)

    A rosa reta
    não a rosa
        rosa

    rosa de raiva
    não a rara
        rosa

    rosa de plástico
    não a plástica
        rosa.

Tabela

Existe

resiste
persiste
insiste

    Desiste

O canto

       O canto
       e o conto:

       O canto! O canto!

       O conto canta. O canto
                faz de conta.

       O conto
       o canto

       A CONTA
       A CONTA.

Stop

Estado de sítio
estado de sido
estase.

Nau

Flutua
baila
aladamente baila
sobre o fluxo.

Flutua
fere
o espelho
puro
— insinua-se, móvel,
na água
viva.

Flutua: avança
(bailado e
luta)
aladamente viva
contra o fluxo.

Oposição

Na oposição se completam
os arcanjos contrários
sendo a mesma existência
em dois sentidos.

(Um, severo e nítido
na negação pura
de seu ser. O outro
em adoração firmado.)

Não se contemplam e se sabem
um mesmo enigma cindido
combatem-se, mas abraçando-se
na unidade da essência.

Interfecundam-se no mesmo
bloco de ser e de silêncio
coluna viva em que a memória
cindiu-se em dois horizontes.

(Sim e não no mesmo
abismo do espírito.)

Odes

I

O verbo?
Embebê-lo de denso
              vinho.

A vida?
Dissolvê-la no intenso
              júbilo.

II

Sonho vivido desde sempre
— real buscado até o sangue.

III

O Sol cai até o solo
a árvore dói até o cerne
a vida pulsa até o centro

… o arco se verga
até o extremo limite.

IV

Lavro a figura
não em pedra:
    em silêncio.

Lavro a figura
não na pedra (inda plástica) mas no
inumano vazio
do silêncio.

V

A flor abriu-se.
A flor mostrou-se em sua
      inteireza:

— Tragamos, ouro, incenso, mirra!

Eros

Cego?
Não: livre.
Tão livre que não te importa
a direção da seta.

Alado? Irradiante.
Feridas multiplicadas
nascidas de um só
                      abismo.

Disseminas pólens e aromas.
És talvez a
                primavera?
Supremamente livre
      — violento —
não és estátua: és pureza
                oferta.

Que forma te conteria?
Tuas setas armam
                o mundo
enquanto — aberto — és abismo
      inflamadamente vivo.

Templo

A severa arquitetura
serenamente prende-nos.

As linhas vivas. Os refolhos
                barrocos
    (o céu íntimo)
a bela ordem aquietando-nos.

Ó interior matriz
(humano e sacro)
em que tudo é nascente
            e brilha
como mistério entre nichos
            de sombra

ó tempo
divinizado em luz
que cresce e vive.

Voo (II)

Asas de
neve
buscam o
branco
cume perfeito.

Asas contra o
azul
montanha contra o azul

azul — e — branco.

A terra muito
              abaixo.
Muito abaixo o odor
        do sangue.

Composição

Cavalo branco em campo verde
parado
sereno
branco corcel ao longe
realidade
e miragem.

... numa viagem branca, através
de todos os verdes
a forma se tornava
em ritmo, delírio
de forças desatadas
impulso leve e forte
que saltava horizontes
que rasgava as tormentas
     e as dores...

Mas agora, parado,
o ser cristalizou-se
na imagem de si mesmo
realidade lúcida
e plácida miragem.
  ....
Cavalo branco em campo verde
parado
sereno
branco corcel ao longe
realidade
e miragem.

O gato

Na casa
inefavelmente
circulam olhos
de ouro

vibre (em ouro) a
 volúpia
o escuro tenso
vulto do deus sutil
indecifrado

na casa
o imperecível mito
se aconchega

quente (macio) ei-lo
em nossos braços:
visitante de um tempo sacro (ou de um não tempo).

Gênesis

Um pássaro arcaico
(com sabor de
 origem)
pairou (pássaro arcano)
 sobre os mares.

Um pássaro
movendo-se
espelhando-se
em águas plenas, desvelou
o sangue.

Um pássaro silente
abriu
as
asas
— plenas de luz profunda —
sobre as águas.

Um pássaro
invocou mudamente
o abismo.

Figuras

A *repuxo*
A água fragmentada ascende
em brancura dinâmica
e no ápice de si constrói o arco
de que perenemente cai
regressando à unidade de seu ser.

B *estátua*
Equilíbrio
branco

momento
dançante
da forma.

Fluência detida do ser; forma
— apenas equilíbrio de ritmos.

C *esfera*
O mundo
preciso

o mundo
conciso
o espaço concreto
o tempo perfeito
a presença íntegra

o infinito
lúdico.

Paraíso

Animais sob o céu.
Puramente visíveis.
Postos num tempo íntegro
 sem trauma.

Os animais — visíveis —
sobre o campo
entre o florir suprarreal
 da aurora.

Os animais na origem.
Fixados
— como num quadro — inda sem voz
 alguma

só a atenção tranquila
ao céu
que baixa...

O céu fecundantemente.

Sonho

O ar irreal que cai
compõe um nítido campo
onde os ritmos   os tempos
interfecundam-se   plenos.

Imagens — ó cores puras! — sem peso
amplitude intangível   claros pomos
peixes sutis na água viva   peixes
deslizando — secretos — no silêncio.

O ar irreal que cai   a queda lúcida
dentro do sono   a grande flor aberta
o íntimo tempo que se instaura   mito
rápidos peixes   e pássaros   e campos.

O ar irreal que cai
e se constela
— o absoluto no horizonte
   do tempo.

Repouso

Basta o profundo ser
em que a rosa descansa.

Inúteis o perfume
e a cor: apenas signos
de uma presença oculta
inútil mesmo a forma
claro espelho da essência

inútil mesmo a rosa.

Basta o ser. O escuro
mistério vivo, poço
em que a lâmpada é pura
e humilde o esplendor
das mais cálidas flores.

Na rosa basta o ser:
nele tudo descansa.

Poemetos

A *manhã*
Ninguém ainda. As rosas me saúdam
e eu saúdo o silêncio
das rosas.

B *ausência*
Aqui ninguém
e nuvens.

C *ave*
Asas suspensas em
instanteluz.

D *lua*
Integralidade.
Fixidez.

E *Narciso*
A flor a água a face
a flor a água
a flor.

F *primavera*
Da não-espera
acontecem as
flores.

G *lago*
   Tensão
   fria
   da água: paz — em — ser.

H *espera*
   As janelas abertas.
   A porta apenas encostada...

I *vaso*
   mas incomunicante.

J *fim*
   A ausência das rosas. O caminho
   já sem ninguém, para o silêncio.

Ode

E enquanto mordemos
frutos vivos
declina a tarde.

E enquanto fixamos
claros signos
flui o silêncio.

E enquanto sofremos
a hora intensa

lentamente o tempo
perde-nos.

Elegia (I)

Mas para que serve o pássaro?
Nós o contemplamos inerte.
Nós o tocamos no mágico fulgor das penas.
De que serve o pássaro se
desnaturado o possuímos?

O que era voo e eis
que é concreção letal e cor
paralisada, íris silente, nítido,
o que era infinito e eis
que é peso e forma, verbo fixado, lúdico

o que era pássaro e é
o objeto: jogo
de uma inocência que
o contempla e revive
— criança que tateia
no pássaro um esquema
de distâncias —

mas para que serve o pássaro?

O pássaro não serve. Arrítmicas
brandas asas repousam.

Elegia (II)

Os extremos do vento
sons
partidos.

Os extremos os
mais
agudos cumes
da tensão viva amor
— criação viva —

agora par
       tidos
luz e lira
inertes.

Os extremos do amor:
áridos
restos.

A paisagem em círculo

Os plátanos as pombas estas fontes
as frondes, longe; e, de novo, os
                              plátanos.

As pombas estes plátanos as frondes
as fontes, longe; e, de novo, as
                              pombas.

As fontes estas frondes estas pombas
plátanos, longe; e, de novo, as
                              fontes.

Estas frondes os plátanos as fontes
as pombas, longe; e, de novo, as
                              frondes.

Claustro (II)

Antigo
jardim fechado:
águas, azulejos
      e sombra.

Macular esta paz?
      Proibido.
Só leves pensamentos
      transitam
— leves, tão
      leves
que agravam mais o silêncio.

E o jardim se aprofunda
      espelho
verde do abismo: céu
nas águas claras

e este chão não existe
    — tudo é abismo —
e esta paz é vertigem
    — puro abismo —
e o pensamento fixo
    — mudo abismo —

tudo amplia mais o silêncio.

Estrada

A estrada percorre
      o bosque
entre árvores mudas
entre pedras opacas
entre jogos de luz
      e sombra.

A estrada caminha
e o seu solo
(ancestralmente fundo)
não tem som.

A estrada prossegue
e seu silêncio
fixa presenças densas
e embriaga
sufocando toda a
             memória...

Termo

    Despreende-se a seta   alvo alcançado
    apreende-se o tempo   flor colhida

    não mais além   só isto
                — é
                 tudo —
    concentrado fruto e fonte.

    Flor alcançada   vida exata
                É
                TUDO

    elimina-se a meta   jogo findo.

COLEÇÃO «METABIBLIOTECA»

1. *O desertor*, Silva Alvarenga
2. *Tratado descritivo do Brasil em 1587*, Gabriel Soares de Sousa
3. *Teatro de êxtase*, Pessoa
4. *Oração aos moços*, Rui Barbosa
5. *A pele do lobo e outras peças*, Artur Azevedo
6. *Tratados da terra e gente do Brasil*, Fernão Cardim
7. *O Ateneu*, Raul Pompeia
8. *História da província Santa Cruz*, Gandavo
9. *Cartas a favor da escravidão*, Alencar
10. *Pai contra mãe e outros contos*, Machado de Assis
11. *Democracia*, Luiz Gama
12. *Liberdade*, Luiz Gama
13. *A escrava*, Maria Firmina dos Reis
14. *Contos e novelas*, Júlia Lopes de Almeida
15. *A família Medeiros*, Júlia Lopes de Almeida
16. *A viúva Simões*, Júlia Lopes de Almeida
17. *Memórias de Marta*, Júlia Lopes de Almeida
18. *A falência*, Júlia Lopes de Almeida
19. *Poesia completa*, Florbela Espanca
20. *Memória*, Florbela Espanca
21. *Esaú e Jacó*, Machado de Assis
22. *Helena*, Machado de Assis
23. *Memorial de Aires*, Machado de Assis
24. *Casa Velha*, Machado de Assis
25. *Um suplício moderno e outros contos*, Monteiro Lobato
26. *Transposição*, Orides Fontela
27. *Helianto*, Orides Fontela
28. *Alba*, Orides Fontela
29. *Rosácea*, Orides Fontela
30. *Teia e Poemas inéditos*, Orides Fontela ▨
31. *Iracema*, Alencar
32. *Auto da barca do Inferno*, Gil Vicente
33. *Poemas completos de Alberto Caeiro*, Pessoa
34. *A cidade e as serras*, Eça
35. *Mensagem*, Pessoa
36. *Utopia Brasil*, Darcy Ribeiro
37. *Bom Crioulo*, Adolfo Caminha
38. *Índice das coisas mais notáveis*, Vieira
39. *A carteira de meu tio*, Macedo
40. *Elixir do pajé — poemas de humor, sátira e escatologia*, Bernardo Guimarães
41. *Eu*, Augusto dos Anjos
42. *Farsa de Inês Pereira*, Gil Vicente
43. *O cortiço*, Aluísio Azevedo
44. *O que eu vi, o que nós veremos*, Santos-Dumont
45. *Poesia Vaginal*, Glauco Mattoso

Adverte-se aos curiosos que se imprimiu este livro na gráfica
Expressão & Arte, em 29 de maio de 2024em papel pólen bold, em
tipologia Minion Pro e Formular, com diversos sofwares livres, entre
eles, LuaLaTeX, git.
(v. 94fb4df)